X4

D1425470

VACHES NOIRES
ARROMANCHES

DANIEL BESNEHARD

VACHES NOIRES
ARROMANCHES

Théâtre

ÉDITIONS JULLIARD
24, avenue Marceau
75008 Paris

© Éditions Julliard, Paris, 2009
ISBN 978-2-260-01815-5

Ne redoute pas la mort.
Tant que nous vivons,
elle n'est pas et quand
elle est là, nous ne sommes
plus.

Épicure

VACHES NOIRES

Scènes de mémoire, de songes et de vie

À Hélène S.

Personnages

Marie Widanger, une femme âgée.

Pierre Widanger, son fils.

La pièce se situe, de nos jours, en France.

Prologue

Entre souvenir et rêve, angoisse et sommeil, mort et vie.
Lumière de brume. Au sol, peut-être, des objets.
Îlots de mémoire sur une mer de Gerflex bleu.
Une salle de réveil. Marie est allongée sur un lit.

MARIE. Vaches noires. Vac' noires
Fais caca à la chaîne
Faut pas prendre tes aises sur le trône
Vac's noires
Au mariage,
Pas de montbazillac
Mon voile de communiante prend la flotte
Morte en couches, ma mère
Papa, donne le bras, à ta petite mariée
Des clous
Il saigne le bon Jésus,
Houlgate
Je suis rouge.
Nuit de Chine. Indochine,
Sur le Mékong
Punie !
Pour qu'il tienne sur la croix.
Je suis toute rouge

Tanner, je vais le tanner, ton cul.
Vac's noires, vaches noires
Houlgate,
Nom de Dieu

Flux et reflux maritime.

UN

Une maison de retraite en Normandie.
Au lointain, on entend une musique au piano, Jean-Sébastien Bach.
Marie, une femme âgée élégante, se repose dans un fauteuil, une canne près d'elle.
Sur un guéridon, des objets personnels.
Marie écrit sur de petites étiquettes qu'elle relit.

MARIE. Noël 1963. Culotte tyrolienne en peau souple offerte par André à son cher fils unique. Collier de cuir jaune de Pirate, mon siamois. Décédé dans mes bras le 13 juin 1997. *(On frappe à la porte.)* Un instant, s'il vous plaît. *(Prestement, Marie enfouit les objets sous un châle. La culotte tyrolienne a glissé sur le sol sans que Marie s'en aperçoive.)* Vous pouvez entrer, Catherine...

PIERRE. Bonjour.
Ils hésitent, s'embrassent.

MARIE. Je ne t'attendais plus.

PIERRE. Mon avion, un retard de sept heures, t'imagines! Depuis «nine-eleven», infernale, la sécurité. J'ai déposé ma valise au Malherbe.

MARIE. Comme tu as vieilli...

PIERRE. Toi, tu ne changes pas.

MARIE. Ne commence pas à mentir. Les rats ont rongé mon visage. Je n'ai plus de chat. Interdit ici, les vieux seraient allergiques au poil de félin...

PIERRE. C'est lumineux ! Tu as conservé tes meubles favoris.

MARIE. Ouais... Ici, ce n'est pas une maison de retraite, c'est un *golden home*, proclamait la précédente directrice... Une pimbêche. Bientôt, l'heure du dîner.

PIERRE. Ça va.

MARIE. J'ai repris. Après mon opération, je ne mangeais plus, j'avais envie du cimetière. Physiquement, je suis raplapla, je dois faire la sieste... Avant, avec six heures de sommeil, ça carburait. Toi, tu dormais comme un loir.

PIERRE. Mon père disait que je manquais de « gasoil ».

D'un poétique.

MARIE. Tu vois, tu clignes déjà des yeux.

PIERRE. Excuse-moi. Le jet lag ! Pas fermé l'œil. Un groupe de lycéens a fait la fiesta dans l'avion.

Pierre regarde la canne.

PIERRE. La canne de Papa.

MARIE. Il en a eu besoin à trente-cinq ans. Moi, j'ai attendu soixante-quinze, je devrais me sentir gâtée...

PIERRE. Tu marches déjà.

MARIE. Déjà ! Sept semaines ! La chance d'avoir un bon kiné.

PIERRE. Se casser le col du fémur, c'est fréquent.

MARIE. Peut-être, mais on déguste. On fait du yoga, on se croit alerte, comme toutes les vieilles j'avais des os de verre. C'est arrivé bêtement, en glissant dans un escalier. Au Havre, dans notre hôtel... Un appel de ton père.

«Allez, viens là-haut me rejoindre.» *(Marie passe sa main sur le crâne de Pierre.)* Un vrai caillou. Moi, je ne fais plus de teintures. Ma première résolution en arrivant ici : les cheveux blancs, c'est la marque de la sagesse.

PIERRE. Des timbrés à crinière blanche, il y en a plein les rues.

MARIE. Aujourd'hui, les hommes n'ont plus rien de masculin. Une nuque bien dégagée, moi, ça me séduisait.

PIERRE. Ma maman était une coquine.

MARIE. T'as vu le nouveau directeur, M. Perez ?

PIERRE. Aperçu dans le couloir.

MARIE. Très sympathique, tout l'opposé de la «marquise» ! Il discute avec nous. Pas un cheveu blanc.

PIERRE. Il se teint.

MARIE. Peut-être...

PIERRE. Noir de corbeau, à son âge. *Forever young.*

MARIE. À la soixantaine, on peut faire des conquêtes.

PIERRE. Un vieux beau !

MARIE. Il ne t'a rien fait. Quatre-heures moins dix. Je sentais bien que j'avais faim. Tous les jeudis à quatre heures pétantes. Deux œufs coque.

PIERRE. Je t'accompagne au réfectoire..

MARIE. Non, je reste ici. Parfaitement, mon garçon. Mon petit cérémonial.

PIERRE. C'est interdit de cuisiner dans la chambre.

MARIE. Avec ce que je paye par mois, j'estime que je le peux...

PIERRE. Tu changes. Aux PTT, t'étais autrement pointilleuse sur les règles...

MARIE. D'abord, je ne cuisine pas. *(Elle ouvre un règlement et lit avec ironie.)* «Les pensionnaires du *gol-*

den home sont autorisés entre 8 heures et 19 heures à se préparer thé ou café dans leurs chambres à condition d'utiliser un matériel aux normes. » Je plonge mes deux cocos dans une bouilloire homologuée par la direction. Je n'encours aucun blâme, mon cher fils. (*Elle sort.*)

PIERRE. OK, my dear mother !

Marie revient avec un plateau et une bouilloire électrique. Elle enclenche un minuteur.

MARIE. Quatre minutes. Comme toujours, pas une seconde de plus.

PIERRE. Le temps imparti pour faire ma crotte.

MARIE. Dis donc.

PIERRE. Tu n'enclenchais pas le minuteur ?

MARIE. Quel rancunier ! Tu passais tes journées sur le trône.

PIERRE. Je lisais.

MARIE. Je me demande bien quoi.

PIERRE. *Akim*, *Tarzan*, mes bd.

MARIE. Et autre chose.

PIERRE. Tu confonds tes hommes. Les revues suédoises, c'était papa qui les achetait en douce. Il les planquait sous la grosse pile de *Paris Match*.

MARIE. Je les regardais aussi... Ça te coupe la chique !

PIERRE. Se rincer l'œil, cela ne lui suffisait pas ; avec le Gilles, le fameux copain qui tenait l'hôtel du Globe, celui qui se vantait d'avoir cassé du bougnoule dans les Aurès, ils montaient dans une chambre, le jeudi après-midi. Une fille les accompagnait. Selon les semaines, une Marocaine, une Laotienne, une Congolaise. Ils aimaient les femmes de couleur, leurs prénoms de fleurs : Lilas, Rose, Jasmin. Sans doute, leurs souvenirs des bordels militaires de campagne. (*Marie pose sur le plateau un napperon brodé puis installe un joli coquetier de porce-laine et une petite cuillère en argent.)* Pendant qu'ils bati-folaient à l'étage, je servais au bar le souteneur. Et toi, tu ne voulais rien voir, tu jouais l'autruche.

MARIE. Je savais tout.

PIERRE. Qu'il couche avec des filles, ça t'arrangeait.

MARIE. Ça va.

PIERRE. Il te dégoûtait. Pour mes douze ans, il m'a payé une putain pour me dépuceler. Je suis resté de bois. On ne force pas la nature.

Pierre s'essuie les yeux.

MARIE. Excuse-moi.

Sonnerie du minuteur. Pierre regarde les initiales gra-vées sur le manche de la petite cuillère.

PIERRE. A.L.

MARIE. Anne Ledreau, le nom de fille de maman. De son trousseau de mariage, c'est tout ce que j'ai reçu. Ma belle-mère a tout piqué. Moi aussi, ma jeunesse n'a pas été facile.

Mince. J'ai plus de pain pour mes mouillettes. Où j'ai la tête ? Il y en a au réfectoire.

Marie se lève et prend sa canne.

PIERRE. Je t'aide ?

MARIE. Non, je me débrouille seule. Ah, rien d'une gazelle. Tu vois, c'est lent, mais lent...

PIERRE. Bientôt, tu vas galoper...

MARIE. Tu dis ça.

PIERRE. On prend les paris ?

Noir sec.

DEUX

Le lendemain matin.

MARIE. Ma voisine de chambre pianote depuis ce matin.

PIERRE. Du Bach, je crois.

MARIE. Elle est lunatique. Des semaines, on a une paix royale.

PIERRE. Le manoir normand à Houlgate, ça n'allait pas ?

MARIE. Vieillot et ça puait le suppositoire. J'y ai passé une semaine en février, pas un chat sur la plage, les rues sont désertes, même le Globe est fermé. La ville est vide. Je ne m'en apercevais pas autrefois, je sortais si peu de la poste.

PIERRE. J'étais le préposé au shopping : soupe Liebig champignons, raviolis Buitoni, clémentines, petits-beurre Lu, tablettes de chocolat Suchard et un quatre-quarts de choucroute William Saurin.

MARIE. Son plat préféré, à ton père, il était alsacien·

PIERRE. Je préparais souvent le repas...

MARIE. Complètement débordée, au début, je vérifiais

tout. Mon adjoint faisait du sabotage. Il avait cru obtenir la direction à l'ancienneté. Mes plus grandes satisfactions professionnelles, c'est à Houlgate. Ferme mais rieuse avec mon service. Je ne connais plus personne.

PIERRE. Trente-deux ans qu'on est partis.

MARIE. Je suis rentrée avec le cafard. Houlgate, c'est devenu triste.

PIERRE. Toujours été mortel, l'hiver. En vélo, sur la corniche, je ne croisais jamais personne...

MARIE. Tu faisais du vélo, avec ton Agathe perchée sur l'épaule.

PIERRE. C'était un ouistiti, ma jolie siamoise.

MARIE. Toujours en chaleur. Le jour où elle s'est jetée sur ton père, toutes griffes sorties, il voulait la noyer.

PIERRE. Je me serai vengé! De la mort-aux-rats dans sa choucroute.

Marie regarde les mains de Pierre.

MARIE. Ça disparaîtra jamais. Quand elle était en furie, elle bloquait votre main avec ses quatre pattes et elle vous labourait profond la chair. Elle ne lâchait pas, elle vous mordait au sang, la petite garce...

PIERRE. Elle se défendait. J'étais trop possessif. À neuf heures du soir, je la coinçais dans mon lit.

MARIE. Toutes ces griffures...

PIERRE. La mémoire d'un amour. Je lui confiais tout ce que je ne pouvais dire à personne. Oui, peut-être, elle m'a sauvé du suicide. Les yeux bleu-violet d'Elizabeth Taylor, c'était ma Cléopâtre.

MARIE. À Caen, j'ai encore quelques anciennes collègues. Elles sont toutes grand-mère et dévorées par leur descendance. Jamais libres pour un gueuleton. La vie de famille, c'est trop ou pas assez ! Quarante ans qu'il est parti. Ça file, comme un Chronopost !

PIERRE. Toujours dans ta tête, tes PTT.

MARIE. Ma vie. De factrice à receveur principal, c'est vrai, je suis fière de ma carrière.

PIERRE *(ironique)*. Sortez les médailles.

MARIE. Toi, t'as jamais aimé ton métier...

PIERRE. C'est nouveau...

MARIE. La preuve, tu as raté l'agrégation.

PIERRE. « Quand on veut, on peut... »

MARIE. Parfaitement. *(Elle sort un magazine).* Pour l'anniversaire de Diên Biên Phu, la revue *Képi blanc* organisait un voyage pour les anciens légionnaires et leur famille, je m'étais inscrite.

PIERRE. Tu serais partie avec ces vieilles badernes.

MARIE. Du respect. Au Vietnam, ce n'est pas toi qui m'y accompagnerais.

PIERRE. Tu ne me l'as jamais demandé.

MARIE. Ça se devine, ces choses-là.

PIERRE. D'accord.
Un long temps.

MARIE. Les lettres de ton père arrivaient d'Hanoi en sept semaines. Maintenant, avec les courriels, pschiit, c'est instantané.

PIERRE. Communication Nesquick.

MARIE. Internet, c'est pratique. Tu pourrais t'y mettre !

PIERRE. Je te téléphone.

MARIE. Aux calendes grecques !

PIERRE. Maman, ne commence pas...

MARIE. Tes parents, tu t'en fous !

PIERRE. Maman, s'il te plaît...

MARIE. Sache que ton père, mes chats, leurs souvenirs comptent plus que...

PIERRE. Les vivants, je le sais !

MARIE. Toi, tu oses me faire des reproches... Un fils unique qui choisit de vivre à New York, à 5 876 kilomètres de sa mère, tu crois que ça l'encourage à survivre ?

PIERRE. T'as une bonne pension, non.

MARIE. Puisque c'est une corvée de m'aimer, rentre à ton hôtel.

(Pierre sort en oubliant sa veste. Marie la prend et fait les poches. Elle trouve un billet d'avion.)

Vol AF 004. Départ aug 23 10.20 am. CDG 2. Il repart jeudi prochain. Arrival aug 16 at 7.30 am. Paris CDG 2. Aujourd'hui, on est le 19. Il m'a menti. Trois jours qu'il est arrivé en France. *(Marie découvre aussi une carte d'un bar gay.)* Keller Bar, the real leather bar of Paris. Frank 06 79 32 75 77. Ça ne lui passera donc jamais !

TROIS

Marie écrit sur un cahier noir. Elle s'arrête pour relire. Pierre est à ses côtés.

MARIE. De très bonne heure, je suis allée par l'avenue Coty jusqu'à la mer. Il y avait du vent, j'étais encapuchonnée comme une Laponne. J'aime Le Havre. J'aime la plage de galets. J'aime cette ville.

Détruite par les bombardements anglais. Reconstruite au cordeau. Une ville futuriste, un Versailles communiste.

Après la guerre, j'ai quitté Lisieux pour Le Havre. Embauchée au tri postal. Les liaisons transatlantiques reprenaient. D'une grande verrière, on apercevait les quais, les cargos gris. Des dockers, torse nu, déchargeaient les caisses d'Amérique.

Au Havre, j'étais enfin libre. Vingt ans, une blouse bleue en nylon et une coupe à la Jeanne d'Arc. Pas question d'aller au bal des Catherinettes organisé par l'amicale des PTT. Les grands chapeaux ridicules auraient englouti ma tête d'alouette et je ne rêvais vraiment pas d'un mari. Quand la chef m'a proposé de suivre les cours du soir pour grimper les échelons, j'ai bondi de joie. Ma revanche, ce serait un bon métier. Je logeais dans un foyer

catholique. Rien à voir avec le carmel et ses fanatiques
cloîtrées.

Le dimanche, les pensionnaires du foyer rejoignaient
leurs familles. J'avais le cafard, je m'offrais des choco-
lats chauds au buffet de la gare maritime.

Au Havre, l'hôtel où on s'est aimé avec André pour la
première fois est devenu un *Europa Inn*. Adieu toile de
Jouy, armoire normande, édredon en piqué et parquet de
chêne.

Maintenant moquette caca d'oie et placards en lamifié.

Je me sens étrangère dans un lieu que je connais depuis
cinquante ans.

En rentrant de la plage, je me suis allongée. La literie
est bonne, au rebut les vieux sommiers à ressorts. Je me
suis endormie. Au réveil, il pleuvait. J'ai posé une chaise
devant la fenêtre.

Au buffet de la gare maritime, rien ne change, le
moderne des années 1950 : Formica rouge et banquette en
skaï. La jeune serveuse avait une jupette noire, bien au-
dessus du genou. André aurait dit « à ras le bonbon ». Elle
m'a servi un demi. J'ai fermé les yeux. Il était là, derrière
mes paupières, assis devant son « bock de Kronenbourg »,
il me regardait. J'avais du mal à détourner mes yeux. Ses
larges épaules, ses sept millimètres réglementaires de cheveux blonds, sa peau de pain d'épice, il me plaisait et il le
sentait. J'avais chaud, j'ai ôté mon gilet marine à col
claudine, dessous j'avais un petit chemisier blanc sans
manche. Il s'est approché et poliment a dit : « Puis-je vous
offrir un autre chocolat chaud et m'asseoir à votre table ?
– J'accepte votre compagnie, ai-je répondu en rougissant. –
André Widanger. » Alsacien, il était né à Riquewihr. Il
était légionnaire, au 2e Régiment étranger de génie,
3e compagnie, 4e section. Comme moi, question boulot, il
était précis. « Mon vrai nom, en fait, c'est : Oui, au dan-

ger.» Il a ri. Toute la soirée, il a beaucoup parlé, moi, j'ai beaucoup écouté, on était comme ces gens qui, dans un train, se racontent toute leur vie... Le soir même, j'ai osé le suivre. Il a pris une chambre dans cet hôtel face à la gare maritime. À peine tiré les double rideaux de reps bleu nuit qu'il était tout nu. Il m'a accueillie dans ses bras immenses. Il a déboutonné mon corsage blanc. Avec ses grosses mains, il a dégrafé en expert mon soutien-gorge. J'étais folle? Non. Notre voyage allait durer la vie. Les oreillers et les draps respiraient la violette, un paradis. Les ressorts du lit couinaient, à la plainte du métal se mêlaient les soupirs du plaisir. Les cloisons étaient sonores. À 5 heures du matin, il s'est levé. Coquet, il s'est aspergé de parfum et m'a embrassée sur le front en fermant ses grands yeux verts et lumineux. Il m'aimait. Il a rejoint le port. Il aménageait les cargos qui transportaient les soldats en Indochine. À la réception de l'hôtel, on m'a réprimandée. Les occupants de la chambre du dessous avaient refusé de payer leur note. J'étais confuse.

Le mois suivant, André partait en Indochine. Je voulais qu'il me passe la bague au doigt. Au deuxième contrat, le légionnaire peut se marier et il m'a dit oui. Des larmes l'ont caché à ma vue. La joie. On est allés se promener sur la plage. Chacun de notre côté, on a ramassé un galet blanc. On les a échangés comme de somptueux cadeaux. On était un peu nunuches, des amoureux de Peynet dans *Jours de France*. J'étais enceinte. «Un enfant pour me chauffer la place», s'écria-t-il en rigolant.

On s'est mariés civilement : son témoin, son lieutenant; le mien, ma chef de service. Comme repas de noce, ni gigot d'agneau, ni montbazillac, des moules marinières-frites et du muscadet dans un bistrot de pêcheurs. Le grand tralala à l'église, ce serait à sa sortie de Légion. André ouvrirait un garage, le jour du mariage, on tendrait dans l'atelier de grands draps blancs piqués d'œillets rouges... Son témoin, le lieutenant, est mort dans une rizière, six autres disparus dans la section. Ce jour-là, André était à l'infirmerie avec de fortes fièvres, sa première crise de paludisme. Il s'est toujours senti coupable de n'avoir pas été avec ses copains dans la rizière le 5 février 1954. Jamais, on s'est mariés à l'église.

(Comme dans un rêve éveillé, Marie entonne un chant de la Légion étrangère.)

Adieu, vieille Europe, que le diable t'emporte.

Adieu vieux pays pour la terre si brûlante de l'Algérie.

Adieu vieux pays pour le ciel si blanc d'Indochine.

Adieu souvenir, notre vie va finir.

Il nous faut du soleil, de l'espace pour honorer nos carcasses.

Nous les damnés de la terre entière, nous les blessés de toutes les guerres.

Nous ne pouvons oublier un malheur, une honte, une femme qu'on adorait...

QUATRE

Pierre à quatre pattes récupère la culotte tyrolienne. Il la brandit comme un trophée.

PIERRE. Qu'est-ce qu'elle fout là ?

MARIE. Je ne sais pas...

PIERRE. Tu l'avais gardée ? Bonne pour Emmaüs comme tous mes vieux mérins. (*Il prend une étiquette.*) Archivée !

MARIE. Ne lis pas, c'est personnel.

PIERRE (*Il lit.*) Une relique ! « Culotte de peau offerte à Noël 1963 par André à son cher fils. » « Cher » : un peu forcé, non ?

Une longue tension. On entend un piano lointain.

MARIE. Rends-la-moi. Il l'avait commandée à un légionnaire autrichien. Il croyait te faire plaisir.

PIERRE. Le cadeau de la honte.

MARIE. Cela suffit !

PIERRE. J'avais l'air de quoi, là-dedans ? D'un vacher tyrolien ? Au lycée de Deauville, tous les garçons portaient blue-jean et shetland. Par cruauté il me forçait à la porter en classe ! Tous les matins, je partais avec mon sac

de sport, il l'avait remarqué. J'enfilais mon pantalon de sur-
vêtement dans le car scolaire. Un jour, il m'attendait devant
le portail. Il est sorti de sa voiture en furie. Sur le trottoir, il
m'a fait mettre en slip. J'ai renfilé la culotte de peau devant
mes copains. Résister ? Il me liquidait sur place !

MARIE. Ses accès de violence, c'était à cause du
palu...

PIERRE. Il jouait de la maladie...

MARIE. Ses fièvres à 41, pas du cinéma ?

PIERRE. Des victimes du paludisme, des millions en
Afrique, tous ne finissent pas tortionnaires.

MARIE. Et c'est reparti pour le numéro du martyr.

PIERRE. Quand il revenait saoul du Globe et qu'avec
son ceinturon il me fouettait ! Tu restais dans ton bureau,
tu refusais d'entendre ce qui se passait juste au-dessus de
ta tête, dans ton « appartement de fonction ». Il hurlait.
« Un jour, petit salaud, tu pisseras le sang ! Tu te plains à
ton instit, je vous éventre tous les deux, toi et ce salaud
de communiste. »

MARIE. Ça, tu l'inventes ?

PIERRE. Totally blind, bitch.

MARIE. Tu m'injuries en anglais ! T'as toujours man-
qué de courage...

PIERRE. Normal, je suis une femmelette, de la graine
de tapette, comme il disait... Il fallait m'endurcir... Tu
l'as laissé m'envoyer aux enfants de troupe à La Flèche.

MARIE. Je te couvais de trop.

PIERRE. Ce n'est pas une faute de gâter un fils unique.

MARIE. Si...

PIERRE. Le titi a mal tourné ! Pas de galons comme
papa. Renvoyé du prytanée. Les jeunes troufions, il les
aime au fond de son nid.

MARIE. Je suis fatiguée de tes sarcasmes.

PIERRE. Quand il avait bu, il m'accusait de vouloir coucher avec toi...

MARIE. C'est odieux de dire ça.

PIERRE. Il m'a détruit et tu l'excuses encore. Ses yeux, sa peau, tout était jaune, jauni, pourri. Il puait et il frappait.

MARIE. Trop souffert là-bas. Prisonnier au camp 73.
À sa libération, un mort-vivant.

PIERRE. Sa détention chez les Viets, pourquoi je devais, moi, en payer la facture ?

MARIE. Jamais, t'as essayé de comprendre son calvaire.

PIERRE. Pour moi, l'enfer, c'était ici. La trouille. Tout le temps. Je me suis remis à pisser au lit à neuf ans.

MARIE. Il ne s'est jamais refait à la vie civile. Du camp de Diên Biên Phu, il m'avait écrit. «Je t'aime, c'est dur de savoir que tu me récupéreras dans un cercueil plombé.» Quand il est parti, j'étais enceinte d'un mois. On n'avait été que tous les deux. À son retour...

PIERRE. La place était prise. Il m'a haï. J'étais son ennemi, je t'avais volée.

Un temps.

MARIE. En France, il s'est senti rejeté.

PIERRE. Sa faute. Il haissait les gens. Des cases dans la tête : bicot-français, fellouze-patriote, planqué-militaire. Dieu merci, malgré ses trente-deux chromosomes, je me suis fait exempter. J'ai dit la vérité...

MARIE. Il rêvait que tu fasses Saint-Cyr...

PIERRE. On ne naît pas pour accomplir le rêve de ses parents.

MARIE. De là à sortir complètement du rang. Privée de petits-enfants.

PIERRE. Pour les étouffer comme tu as tenté de m'étouffer moi !

MARIE. Fous le camp et ne reviens jamais.

PIERRE. Sur ma feuille de route, c'est inscrit : «En cas d'échec, réattaquer le lendemain. »

MARIE (*hurlant*). Va-t'en !

PIERRE. À sa mort, j'ai été enfin un peu libre.

MARIE. Va cracher ta bile ailleurs.

Pierre sort.

CINQ

Un an plus tard, en été.
La chambre de Marie.
Sous une grande cloche de verre à l'ancienne, les souvenirs de Marie. Pierre la soulève et lit les étiquettes accrochées aux objets.

PIERRE. – Collier de cuir jaune de Pirate, mon siamois. Décédé dans mes bras le 13 juin 1997.

— Besace qui a traversé l'histoire de la famille. Mon père l'avait sur l'épaule quand il arriva de Bretagne en mai 1921. Quand je fus expédiée au carmel de Lisieux, en mars 1944, c'était mon seul bagage. En pleine crise hippie, Pierre l'emporta à San Francisco.

— Règle en fer gravée à mon nom pour éviter le vol à l'internat.

— Un peignoir de soie. Fleurs bleu et or. Envoyé d'Hanoi par mon époux, le 1er janvier 1954.

— Galet ramassé au Havre à l'automne 1953. Mon époux a peint dessus un cœur avec nos deux prénoms.

— Noël 1963. Culotte tyrolienne en peau souple offerte par André à Pierre.

Pierre repose délicatement la cloche de verre.

SIX

La chambre de Marie.

MARIE *(chantonne)*. « Non, rien de rien, non, je ne regrette rien... »

PIERRE. Ça fait plaisir de te voir chanter.

MARIE. Cet été, tu es aimable.

PIERRE. Ça peut vite changer, versatile comme le ciel normand.

MARIE. Le toubib est passé. Les résultats du scanner sont rassurants. Pas de cancer.

PIERRE. Je te l'avais dit...

MARIE. Un gros calcul à l'entrée de la vésicule biliaire. Ça explique que j'ai toujours une barre, là. Ça peut bloquer le foie. Il faudra m'opérer.

PIERRE. Une intervention de routine, m'a dit ton docteur.

MARIE. Tu lui avais parlé ?

PIERRE. Oui. Cela peut attendre le début septembre. Je serai revenu en France.

À la radio, une chanson par Théo Sarapo et Édith Piaf, « À quoi, ça sert l'amour ».

MARIE. J'ai envie de danser.

PIERRE. On y va.

Pierre et Marie dansent ensemble.

MARIE. Suis le rythme...

PIERRE. Je fais ce que je peux...

MARIE. Aïe ! Maintenant, tu me marches sur les pieds ! Quel cavalier ! Ton père, lui, savait me maintenir.

PIERRE. Fatiguée ?

MARIE. Ça va « super ». Je ne suis pas si ratatinée...

PIERRE. Ce matin, une comédie pour aller dans le parc et cet après-midi « sauts ailés d'une étoile du Bolchoï ».

MARIE. Non, de l'Opéra de Paris. Du grand corps de ballet. Comme tu souffles !

PIERRE. J'ai arrêté la cigarette et c'est pire.

MARIE. Consulte un pneumologue. *(Pierre baisse la musique et s'assoit.)* Toi et moi, on a la même différence d'âge que Théo Sarapo et Édith Piaf. Elle était de 1915 et lui de 1936. Vingt années d'écart et elle l'a épousé !

PIERRE. C'est une demande en mariage ?

MARIE. Gros ballot.

PIERRE. Les noces incestueuses : ça existe depuis la nuit des temps. Œdipe et Jocaste.

MARIE. Dimanche, ça fera un an que je vis ici.

PIERRE. Tu t'es habituée, maintenant.

MARIE. L'hiver, le parc est triste. Dans une maison de retraite, on ne doit planter que des conifères, pour que ça reste vert toute l'année. Comme j'ai transpiré en dansant. Je vais me changer.

Marie sort. Pierre téléphone sur un portable.

PIERRE. Hi, Gary, it's me, Peter... All is ok in the city... Wonderful... I shall fly wednesday night. Departure

7 pm from Paris... Yes, I would like to have an appointment with the boss... nothing bad. Could you schedule one ? No... yes... emergency... I must quit New York, this fall... yes... I would reintegrate the french system in september. Yes... yes, my mother is getting older, she need some medical operation... it's time to share days with her... Yes... she had some real problems... Oh, yes, yes... Bye, bye, Peter, see you soon !

Marie revient en tunique de soie fleurie.

PIERRE. Mais c'est ma tunique !

MARIE. Non, la mienne, tu me l'avais piquée pour ton banquet d'hypokhâgne !

PIERRE. Je me souviens du thème : l'Empire colonial. On adorait *India Song* de Duras. Elle tombe parfaitement.

MARIE. J'ai beaucoup maigri. Ton père me l'avait envoyée d'Indochine. De la soie de qualité. T'as un portable, maintenant ?

PIERRE. Ni têtu ni rétrograde.

MARIE. Sur le mien, je peux capter Internet.

PIERRE. Un Nokia de base.

MARIE. J'ai vraiment faim.

PIERRE. En allant chez le photographe, j'achèterai des brioches.

SEPT

La nuit tombe, Marie est en robe de chambre. Pierre lui tend une pochette.

MARIE. J'ouvre ? Il s'est trompé de lot, le photographe !

PIERRE. Tu ne le reconnais pas ?

MARIE. Non... Sylvain !

PIERRE. À Honfleur, dans sa caserne de pompiers.

MARIE. Toujours athlétique. Il a gardé ses énormes tatouages.

PIERRE. Papa en avait un aussi.

MARIE. Sa grenade à sept branches, à la Légion, c'était une décoration. *(Elle détaille la photo.)* Ces deux pépées nues sur les avant-bras, ce n'est pas l'idéal pour sa femme.

PIERRE. Elle vient de le plaquer pour un CRS.

MARIE. Quelle époque, pas un couple qui tienne !

PIERRE. Il a la garde de ses deux filles. *(Il les montre en photo.)* Jessica, huit ans, et Guylène, dix ans.

MARIE. Il s'est marié sur le tard.

PIERRE. Pas pressé, tout le monde lui tombait dans les bras. Fille comme garçon.

MARIE. À voile et à vapeur, je sais bien qu'il l'était. Comment tu le regardais...

PIERRE. Il a demandé de tes nouvelles, il t'aime bien.

MARIE. Un gosse abandonné. Il me faisait des confidences.

PIERRE. Une fixation sur toi. À la fête des mères, Sylvain t'offrait des plus beaux cadeaux que les miens.

MARIE. Hé oui... ce joli coffret en coquillages.

PIERRE. Il va venir te voir hors saison. *(Un temps.)* J'ai appelé le rectorat.

MARIE. Et alors ?

PIERRE. Je n'aurai pas de poste à Caen-Centre, c'est sûr.

MARIE. S'il te nomme à la Guérinière, tu en baveras...

PIERRE. Ne joue pas à l'oiseau de mauvais augure. J'ai vingt-sept ans d'ancienneté...

MARIE. Il n'y a pas que ça qui compte. Si t'avais l'agrégation... Je m'en veux de te faire quitter le lycée français de New York. Tu y étais arrivé par je ne sais quel piston...

PIERRE. Et maintenant, place à l'événement. « Back to the Roots. »

Pierre sort une grande pochette.

MARIE. De grands formats ?

PIERRE. Vingt-trente. Tu pourras les encadrer.

MARIE. Est-ce que j'ai même envie de les voir ?

PIERRE. C'est toi qui voulais que j'y aille.

MARIE. Soixante ans après, ça pèse encore lourd.

PIERRE. Je ne te force pas à regarder.

MARIE. Il me faut juste un peu de courage.

Elle regarde longuement en silence les photographies.

PIERRE. La maison où tu es née. Des briques rouges, comme en Angleterre ?

MARIE. Mon père ne faisait rien comme tout le monde.

PIERRE. Sur le toit, un chat en céramique.

MARIE. Ma Fridoline... C'est converti en gîte rural ?

PIERRE. Oui. *Le Chat perché.* Les propriétaires, un couple d'Anglais, Mr. and Mrs. Smith comme dans *La Cantatrice chauve*, je n'invente rien. Quand ils ont appris que j'étais le petit-fils du bâtisseur de la maison, j'ai eu droit à une tasse de thé et à un scone *home made*. Regarde les rideaux avec des petits nœuds mauves. *Totally british.*

MARIE. Il y a un grand jardin devant ?

PIERRE. Oui.

MARIE. Avant, il y avait un puits et une vieille remise à outils, ils l'ont rasée ?

PIERRE. Sans doute. Un parking à la place. *(Marie s'est mise à pleurer.)* Mais, maman...

MARIE. C'est rien, c'est rien. L'étang gris... tu as demandé s'il y avait encore du poisson ?

PIERRE. Non.

MARIE. Ses carpes, c'était la fierté de papa !

PIERRE *(montre d'autres photos)*. Le village, l'église... la mairie... la nouvelle école... la salle des fêtes...
Marie les regarde avec indifférence.

MARIE. Range-les. Merci. *(Pierre l'embrasse sur le front.)* Éloigne ces photos... qu'elles ne dorment pas auprès de moi.

Noir sec.

HUIT

Chambre du golden home. La veille de l'envol de Pierre pour New York.

MARIE. Merci de m'avoir accompagnée.

PIERRE. C'est normal, non ?

MARIE. Je suis si anxieuse.

PIERRE. Tout ira bien.

MARIE. Pour mon col du fémur, j'avais mal supporté l'anesthésie.

PIERRE. De petites complications au réveil.

MARIE. Un début de coma. J'ai bien failli y passer !

PIERRE. Aie confiance dans ton chirurgien.

MARIE. C'est lui qui m'avait déjà opérée. Un Tchèque, il a fui Prague en 1972. Je trouve qu'il te ressemble.

PIERRE. Nous sommes, tous deux, des exilés.

MARIE. Lui, les Russes occupaient son pays. Toi, rien ne te forçait à quitter la France. Il n'a pas d'enfants.

PIERRE. Marié ?

MARIE. Non plus...

PIERRE. Tu vois qu'on se ressemble un peu.
Un temps.

MARIE. Je voudrais te demander quelque chose. *(Marie lui tend une feuille de papier.)* Lis ça !

PIERRE. «Ne redoute pas la mort. Tant que nous vivons, elle n'est pas et quand elle est là, nous ne sommes plus.» Épicure.

MARIE. L'épitaphe à graver sur mon urne. Plus tard... pas question que je claque au moment où tu plaques l'Amérique pour moi !
Il revient avec un carton à gâteaux.

PIERRE. Je t'ai pris une religieuse au café.

MARIE. J'en ai soupé, des religieuses au café. À chaque fête, j'y ai droit.

PIERRE. Tu en raffolais.

MARIE. Maintenant, ça m'écœure. Mes goûts changent.

PIERRE. Tu veux mon baba au rhum ?

MARIE. Non, chez Grimaud, ils les parfument trop.

PIERRE. Allez. Tu ne seras pas saoule...
Il offre le baba au rhum à Marie.

MARIE. Merci. *(Pierre se jette sur la religieuse.)* Toujours aussi vorace, mon «Pierrot gourmand». Demain, tu prends le train à quelle heure ?

PIERRE. Midi. L'avion est à sept heures.

MARIE. Arrive tôt, j'ai une longue histoire à te raconter.

NEUF

Le lendemain matin, dans la chambre. Marie est assise dans son fauteuil. Sur ses genoux, un grand cahier broché. Pierre est assis auprès d'elle.

On ne sait pas exactement si elle lit son histoire, la raconte ou l'invente.

MARIE. Intelligent et ambitieux, papa est devenu conseiller municipal en 1938 mais démissionna le jour de l'armistice. Vingt ans auparavant, il débarquait dans le bourg, en galoches, sa vieille besace à l'épaule. De la chance, ma mère était fille unique, ses parents étaient en adoration devant elle. Ils lui passaient tous ses caprices, même celui d'épouser un commis de ferme. Papa était pauvre mais beau garçon, d'une famille bretonne, une sœur carmélite, l'autre missionnaire et un frère curé. Papa a joué de son sourire et maman est tombée comme une guêpe.

Six mois après la noce, j'étais dans son ventre. Malheur, elle est morte en couches.

Je portais la poisse, j'étais responsable du décès de ma mère. Ma grand-mère m'a mise en nourrice. Pour garder la ferme, le gendre se montrait serviable et affecté. Mes grands-parents moururent, en plein sommeil, à quatre mois d'intervalle. Au bourg, il se disait qu'un peu de poison les avait poussés vers l'éternité.

Papa m'a reprise à la maison. J'étais encore plus jolie que ma maman. Pour ma communion solennelle, il m'a choisi une robe digne d'une mariée, des volants à profusion et de la dentelle d'Alençon. Le prix d'une vache laitière, ma toilette de communiante. Papa était très fier à la cérémonie. Sûr que j'étais la plus belle. Plus tard, celui qui demanderait ma main, il faudrait qu'il ait du bien.

Papa était sévère. Si je traînais en revenant de l'école, je montais au lit sans dessert.

Entre le bourg et la maison, la route traversait un petit bois d'églantiers et d'aubépines. Je marchais en galoche, le cartable sur le dos, chargé, le matin, d'une livre de beurre que je livrais à l'épicerie-buvette et, le soir, d'un gros pain de quatre livres pour la soupe. Gamine, j'ai porté trop lourd, ma scoliose vient de là.

À tous ces mômes obèses que leurs mères garées en double file viennent déposer au collège alors qu'ils habitent à deux rues, j'ai envie de hurler : « Marchez, marchez donc, bande de feignasses, sinon vous éclaterez comme vos popcorn ! »

Quand la guerre est arrivée, j'étais interne au collège de Vire, à un an du brevet. La nuit, les bombardements anglais, j'avais très peur. Papa voulait que je devienne institutrice. Finalement il a cédé et m'a reprise à la ferme. J'ai pris la place d'une servante. J'étais chargée de la basse-cour et d'aider à la traite des quarante vaches, c'était fatigant. L'après-midi, j'allais au bord de l'étang gris avec un livre. J'aimais Victor Hugo. Un jour, une petite chatte s'est approchée. Jolie, toute rouquine. Elle miaulait, elle avait faim. On l'a baptisée Fridoline pour se moquer des fridolins.

Mon père se vantait que sa fille était la plus belle de

tout le canton de Bény-Bocage. Parfois, il me regardait d'un air étrange, j'étais vraiment le portrait craché de sa femme, mais jamais un geste mal placé, juste des yeux qui brillaient trop.

Un matin de 1943, une patrouille allemande vint à la ferme pour réquisitionner les postes de radio. Papa déclara qu'il avait remis le sien aux autorités d'occupation. Pendant qu'il cherchait son attestation de dépôt, un soldat m'observait, je levai les yeux, il détourna les siens. J'avais appris à reconnaître les grades sur les uniformes, il était lieutenant. Pour amadouer papa, il a acheté une livre de beurre au prix fort. Quand la patrouille est repartie, papa exultait. Sur un poste neuf, jamais déclaré, il écoutait, au grenier, Radio-Londres.

Un dimanche, à la sortie de la messe, le lieutenant, dans un français impeccable, engagea la conversation. Originaire de Bavière, il était catholique pratiquant et se nommait Frantz Heller. Il proposa de me raccompagner à la ferme. Tous les regards de la paroisse plongeaient sur nous. J'ai dit non en devenant rouge pivoine. Mon cœur battait bien plus fort que d'habitude.

La semaine suivante, j'ai aperçu un camion militaire à l'entrée du bois. Le lieutenant me guettait dans son rétroviseur, il m'a rejointe en marche arrière.

Quoi dire, que faire ? Je devais aller à la messe. J'étais paralysée. Il est sorti du camion. Il a ouvert la portière droite. Sans plus réfléchir, je suis montée, je me suis assise sur la banquette. Il m'a recouverte d'un treillis de camouflage.

On a peu roulé, le camion s'est arrêté devant une maison de garde-barrière réquisitionnée. À l'intérieur, deux chaises en acajou, une nappe de damassé blanc, argenterie, café et brioches. J'étais éblouie.

Frantz m'a dit qu'on pouvait le mettre aux arrêts, le dégrader pour tout ça.

Délicatement, il m'a pris la main pour me faire asseoir, il l'a gardée quelques secondes de trop. Le temps pressait et c'est moi, moi seule qui ai jeté la nappe blanche sur un vieux matelas. On a rapproché nos lèvres, on a mêlé nos langues, on s'est joints l'un dans l'autre. Tout alla si vite. Ni mal, ni bien, ni occupant, ni occupé, ni Allemand, ni Française, on a oublié un court moment que nous appartenions à deux peuples en guerre. On s'est aimés. Une folie.

Du sang sur le blanc de la nappe, Frantz a mis sa main entre mes cuisses et s'est barbouillé, le visage. «Je suis le chef peau-rouge de Dresde.» On a été pris de fou rire.

Frantz m'a de nouveau camouflée dans le camion. Papa m'attendait. Il avait tout pigé, personne ne m'avait vue au bourg.

Sans hausser la voix, il a dit : «Tu es une sale putain à boche, jamais plus tu ne franchiras le seuil de ma maison».

On a marché vers la remise à outils, il m'a jetée sur la terre battue. «Philomène t'apportera de quoi manger et boire, la même nourriture que moi.»

Il m'a tendu une bible. «Fille souillée, rachète-toi avec cela.» Puis il a tourné la clé.

J'ai vécu deux mois en recluse. Fridoline venait se blottir sur mes genoux.

Par des commis qui discutaient dans la cour, j'ai su que la section du lieutenant Heller avait quitté le bourg pour le front russe.

Un mardi de janvier 1944, Duval, un gros volailler de Torigni, a klaxonné dans la cour. Chaque mois, avec sa camionnette, il montait à Paris pour faire du marché noir.

Papa lui avait demandé de me laisser à Lisieux au Carmel. J'avais donné mon accord pour devenir novice : une faute doit s'expier.

En juillet vint le temps des représailles, des femmes se

réfugièrent au couvent. On les avait tondues : elles avaient marché avec les boches. Mon père m'avait protégée des revanches.

Au Carmel, je passai deux ans à écosser des petits pois, à chanter des cantiques en latin, à marcher pieds nus, été comme hiver, dans des sandales. Je renonçai à prononcer mes vœux perpétuels. De Lisieux, je pris un bus pour Le Havre.

Les liaisons outre-Atlantique reprenaient, on installait à la gare maritime un nouveau tri postal. Je fus embauchée.

À Saint-Martin-des-Besaces, mon père épousa la fille aînée du Duval de Torigni. Tout le bourg jasa. Elle avait vingt-deux ans comme moi, lui plus du double. Jamais je ne le revis.

Frantz Heller ne survécut pas à la bataille de Stalingrad. Dans mes cauchemars, le blizzard russe couvre son corps souple et blanc. Il n'y a pas plus grande douleur que le souvenir de l'amour, de son premier amour.

DIX

La chambre de Marie. Une grande valise rouge est sortie. Pierre regarde sa montre.

PIERRE. Flashy ta valise !

MARIE. J'aime les couleurs vives.

PIERRE. Je te téléphonerai de New York. Promis !
Pierre prend la grande valise rouge.

MARIE. Ma valise, elle s'appelle « reviens ».

PIERRE (*En souriant*). Oui, promis !

MARIE. À Noël, on ira vraiment en Indochine, à Diên Biên Phu et dans la baie d'Along ?

PIERRE. Promis.

MARIE. Un beau projet.

PIERRE. (*Il tire un rideau.*) Laissons entrer le soleil !

MARIE. Où, je suis ?

Épilogue

Bruit de vagues, vent de tempête.
De nouveau entre souvenir et rêve, angoisse et som-
meil, mort et vie.
La salle de réveil. Marie est allongée sur un lit médi-
calisé.

MARIE. Vaches noires. Vac' noires
Fais caca à la chaîne
Faut pas prendre tes aises sur le trône
Vac's noires
Au mariage,
Pas de montbazillac
Mon voile de communiante prend la flotte
Morte en couches, ma mère
Papa, donne le bras à ta petite mariée
Des clous
Il saigne le bon Jésus,
Houlgate
Je suis rouge
Nuit de Chine. Indochine,
Sur le Mékong
Punie !
Pour qu'il tienne sur la croix

Des clous.
Des gros clous.
Je suis toute rouge
Tanner, je vais le tanner, ton cul
À voile ou à vapeur ?
Moules marinières
Ton môme,
Vac's noires, vaches noires
Houlgate,
Nom de Dieu

Flux et reflux maritime.

Une version radiophonique de *Vaches noires*, réalisée par Étienne Valles, a été diffusée sur France Culture le 2 mai 2009.

La création de *Vaches noires* a eu lieu aux Rendez-vous de Cormatin le 28 juillet 2009. Le spectacle a été ensuite joué, en novembre et décembre, au Studio-Théâtre d'Asnières et au Centre dramatique national d'Angers.
Scénographie et mise en scène Christophe Lemaître – avec Hélène Surgère et Hervé Van der Meulen.

Coproduction Le Studio/Compagnie Jean-Louis Martin-Barbaz, Nouveau Théâtre d'Angers, Centre dramatique national Pays de la Loire, avec la participation du CFA des comédiens, avec le soutien de la Société des auteurs et compositeurs dramatiques, Fonds SACD.

ARROMANCHES

Une mort simple

Personnages

Marie

Louise, sa mère

En France. Dans les années quatre-vingt.
Une chambre d'hôpital.
Mobilier médical.

UN

Une chambre d'hôpital, murs beige sale.
Un lit. Louise est couchée. Une jeune femme est à son
chevet.

MARIE. Aucun nuage, aucune brume, le ciel est sans perturbation. D'un bleu dur dans l'été.

Abandonnée au jour, je marche dans le matin. Je marche. Plus de questions. Ni celles qui portent déjà leurs réponses, ni les autres qui n'en supposent aucune. Hôtel du Beau Rivage, Arromanches, j'habite là depuis une semaine. De la plage, j'apercevais au loin sur la plaine le bâtiment. Haut, très haut, lourd et massif. Si proche du lieu de mon loisir, cet hôpital. J'étais coupable de cette proximité. Dix-neuvième étage, chambre 54. Ma mère est là, libérée d'une inconscience de deux semaines. Dans le matin, j'avance le long des champs, entre goudron et blés blonds. Au-dessus de ma tête, le vol des mouettes venues du rivage. Elles planent, se posent sur la terre rouge labourée, s'effrayent de l'approche des tracteurs et s'envolent. Protégés par les vitres de leurs cabines, des hommes larges d'épaules me remarquent sur la route. Ils détournent vite leur regard, fascinés par la puissance de leurs machines qui défoncent la terre. La travaillent-ils encore en paysans ?

J'arrive par le parking réservé aux médecins. Les carrosseries lustrées des grosses voitures réfléchissent les premiers rayons de soleil. Dix-neuvième étage, chambre 54. Elle est là derrière la porte. Cette cloison sonore nous sépare encore. J'ai peur. Dix-neuvième étage. Chambre 54. Ma mère est derrière la porte. Assise ou étendue, lucide ou endormie, en souffrance ou apaisée par le médicament, elle est là. Un bouquet de marguerites et de coquelicots à la main, comme une gosse de la campagne qui revient de l'école.

Marie frappe à la porte.

Louise. Entrez.

Marie. Bonjour.

Louise. ...

Marie. Je suis Marie, c'est moi. J'ai su que tu étais malade. Je suis à l'hôtel à Arromanches. C'est bien tard. Je regrette. Tu as un vase ?

Louise. Je ne sais pas.

Je suis fatiguée. *(Elle ferme les yeux.)* Éteins la lumière.

DEUX

MARIE. Dix-neuvième étage. Chambre 54. La survie est assurée. Je suis assise à son chevet dans le silence. Elle dort, ouvre un œil, se rendort ou feint de s'endormir. Je n'ai plus le goût du soupçon. Je la regarde. Elle est de ces femmes dont le visage n'est jamais aussi beau qu'au repos. Je suis partie de chez elle après la mort de mon père. Ce printemps, j'ai quitté mon mari. Pour le bilan, les remords. Rien d'autre à faire ? On ne taille pas dans la vie sans se couper. Tu veux boire ?

LOUISE. Va-t'en d'ici.

MARIE. De l'eau ?

Dix-neuvième étage, chambre 54. Je campe dans la chambre de ma mère. Je me nourris des repas préparés pour elle.

De mon lit, à la ferme, j'entends mon père qui hurle après mon frère. Il l'a réveillé avec un seau d'eau. Il devrait déjà avoir fini de traire. Raymond dévore tard la nuit des ciné-revues avant de s'endormir. La poitrine de Gina Lollobrigida et les jambes de Virna Lisi moulent ses rêves. Il voudrait vivre en ville, là où les gens ne se couchent pas comme les poules ni ne se lèvent comme les coqs.

Les lundis matin, avant les odeurs d'encre dans les études, de sueur dans les dortoirs, je me lave dans une cuvette de faïence fleurie. Bleue. Je ne descends jamais dans la grande cuisine pour faire ma toilette auprès du feu. Je préfère la solitude glacée de ma chambre. En bas, ma mère se coiffe. Mon père ordonne le travail à son fils comme au dernier des valets dans un flot d'injures.

LOUISE. Viendra vite le temps où le fils abattra les arbres et le père mettra les brindilles en fagots.

MARIE. La traite est finie, père, fils et mère s'installent autour de la grande table de bois. J'arrive la dernière. Après une soupe épaisse, ils avalent des tartines de sain-doux et du petit-salé. Je tire au cœur devant le reste de chocolat du dimanche. Mon père me dévisage. Je suis sa fille « unique ». Je ne dis rien.

LOUISE. Tu nous méprises.

MARIE. Chaque lundi, des réflexions identiques. Je suis séparée d'eux. Dans mon cartable, il y a les marques de cette séparation, des livres d'anglais, d'allemand et de phi-losophie, des mots étrangers à leurs consciences. Comme un pot à lait vide, j'attends d'être remplie. Eux ils sont là, tout entiers dans la manière précise dont ils tranchent le cochon, avalent leurs tartines. Face à moi, ils sont là dans la plénitude des gestes utiles. Je ne dis rien. J'essaye encore de partager ce pain dont ils me tendent une grosse miche. Ils mastiquent. Je mastique. Mon père se lève, il va sortir la Juva 4 de la remise. Chaque lundi, il me conduit au lycée Émile-Maupas de Vire. Souvent, l'hiver la route est ver-glacée. Mon père me pose avec prudence des questions sur mes professeurs, sur ce que j'apprends. Il se vante de connaître les noms de toutes les sous-préfectures. Il aime mon instruction. Je ne le vois jamais si heureux que le jour de la distribution des prix. Il est fier, il a sa revanche : il rêvait d'être instituteur. Le samedi, il vient me reprendre à la pension. Un paquet dans les mains. Un livre que je dévo-rerai le dimanche. Recluse dans ma chambre.

TROIS

Marie épluche une orange. Elle sépare les quartiers qu'elle pose soigneusement sur une serviette étalée sur le drap du lit. La mère est couchée, tranquillement elle met à sa bouche les morceaux d'orange.

LOUISE. Depuis combien de temps je suis là ?

MARIE. Quarante-quatre jours.

LOUISE. Si longtemps que ça ?

MARIE. Tu as été inconsciente dix-sept jours.

LOUISE. Douze ans, tu nous as laissés sans nouvelles. Ça, on ne peut pas oublier.

MARIE. Il fait chaud.

LOUISE. Les fenêtres ne s'ouvrent pas.

MARIE. Air climatisé comme en Amérique.

LOUISE. Tu parles si je suis gâtée.

MARIE. Tu as bonne mine.

LOUISE. Le jour où j'ai quitté la ferme, j'ai changé.

MARIE. Il te manque les animaux.

LOUISE. Moi qui vivais sans voir personne. Au bourg, je suis toujours en conversation.

MARIE. Cela fait passer le temps.

LOUISE. L'été dernier, j'ai encore aidé au foin chez Raymond. Elle ne peut pas me piffer, la bru. Tu la connais pas ? Je n'ai pas de chance du côté des enfants.

MARIE. Je me suis excusée. Je suis revenue.

LOUISE. J'aurais pu mourir sans que tu saches.

MARIE. C'est toi qui m'as mise à la porte.

LOUISE. Bonne qu'à faire des réflexions. Sur tout, la nourriture, le nettoyage.

MARIE. À la fin, je ne disais plus rien.

LOUISE. C'est encore pire de se taire.

MARIE. Pourquoi revenir sur le passé ?

LOUISE. À mon âge, on fait les comptes. Le bon, le mauvais, tout s'additionne.

MARIE. Il y a les additions. Il y a les soustractions.

LOUISE. Ton frère, il ne sait plus compter. Elle lui monte la tête, sa *cariature*. Télévision en couleur, congélateur et tout et tout. Elle se prend pour une madame de la ville.

MARIE. Elle veut un peu de confort, c'est normal.

LOUISE. Comment on faisait, nous ? Le trou au fond du jardin, on n'en meurt pas. Une marquise ! Elle ne veut rien faire. Elle achète du matériel, elle prend un commis. Un jeune qui plaît à madame.

MARIE. Maman.

LOUISE. Elle lui tourne des yeux. Je vois clair.

MARIE. Calme-toi.

LOUISE. Avant d'être morte, ils auront bouffé ma terre. Et mon Raymond, elle le plaquera, une fois fauché. J'en voulais pas comme bru. Elle l'a ensorcelé. Le Crédit agricole a mis des hypothèques sur ma ferme. À cause de ses folies, à madame.

MARIE. La moitié de l'orange, tu n'en veux plus ?

LOUISE. Non, merci.

QUATRE

LOUISE. Tu as bien trouvé ? Dans mon cagibi ?

MARIE. Oui.

La tempête débraille le ciel. Du dix-neuvième étage de l'hôpital, on aperçoit la mer. Mouvance grise qui se confond avec le ciel. Elle va mieux et se plaint du manque de visites. Seul, le curé du village vient la voir tous les dix jours. Je passe mes journées dans ces vingt mètres carrés aux odeurs d'éther. J'essaie de me faire pardonner ma longue absence. J'obéis à ses demandes, je lui passe ses caprices. Je gâche mes vacances !

LOUISE. Tu ne l'as pas ouverte ?

MARIE. Non.

LOUISE. Il y a mes secrets dedans.

MARIE. Secrets de polichinelle.

LOUISE. Ouvre-la.

MARIE. Il y a cette coiffe ancienne ?

LOUISE. Celle que je n'ai pas voulu te prêter. Aujourd'hui, je te la donne.

MARIE. Que veux-tu que j'en fasse maintenant ?

J'ai vingt ans. Au bourg, on dit qu'Albert Quentin est devenu fort fier. Sa fille Marie vient d'être élue duchesse de Normandie. Le président du comité des fêtes l'a poussé à se présenter. On promettait à la lauréate un voyage au Canada pour l'exposition de Montréal. Je rêvais de voyager.

Avec mon bachot, face à une brochette de couturières, de coiffeuses, face à leurs ridicules rêves de miss, j'ai fait le poids. Tout bon au questionnaire et me voilà élue, et me voilà duchesse. Mon père est fier, ma mère refuse de me prêter la coiffe en dentelle de son aïeule. Mon père se dispute avec elle et finit par s'adresser à une modiste, elle m'en confectionnera une à l'ancienne. Je me sens déguisée dans mon costume. Je ressemble à une poupée de collection sous emballage cristal. J'étouffe dans un corset. Je suis ligotée. J'ai signé un contrat. Les salauds! C'est après l'élection qu'on m'apprend que la trésorerie de l'association n'a pas assez d'argent pour me payer mon voyage. C'est la duchesse dont le mandat vient de s'écouler qui ira au Canada. Je rage. J'ai envie de déchirer l'écharpe officielle et de faire un scandale. Par égard pour mon père, je ne le fais pas.

LOUISE. « Albert, ta chère fille t'attend. La moitié de la bouteille de lavande y est passée encore! Des fois que monsieur puerait la vache devant les madames. »

MARIE. Papa restait dans la voiture, je te l'ai déjà dit. Trop timide, le père; fier, mais quels mots employer pour saluer un sous-préfet, pour dire bonjour à un conseiller municipal? À moi, on m'a offert un livre de savoir-vivre. J'y apprends usages et politesses.

Et chaque dimanche de Pontorson à Cambremer, de Livarot à Villers-Bocage, d'Aunay-sur-Odon à Tourgeville, je dépose des gerbes au pied des monuments aux morts, j'inaugure gymnases et écoles, je préside corsos fleuris et foires commerciales, j'ouvre le bal au bras du maire et je dégueule dans les toilettes le gigot d'agneau, le mousseux trop chaud, les glaces couvertes de chantilly industrielle. Je me déteste, je déteste ma soumission.

LOUISE. Albert, ta fille t'attend. N'oublie pas ton casse-croûte. Il y a une banane avec. Au moins, tu ne te tacheras pas comme avec les pêches.

MARIE. Pendant les banquets officiels, papa mange aux cuisines avec les chauffeurs. Chaque dimanche, je grelotte dans une salle des fêtes glacée où je revêts mon déguisement. Chaque dimanche, le président de l'association plaisante sur mon teint de navet : «Une vraie Normande, elle a les pommettes rouges.» Comme un pantin, je me laisse poudrer et rougir les joues. Dégoût silencieux lorsque arrivent les élus municipaux, le maire en tête, ils se comportent comme un troupeau de phoques à l'arrivée du poissonnier. On se pousse, on se sourit, on se bouscule pour attraper dans les premiers une coupe de mauvaise blanquette de Limoux. Sanglées dans leurs tailleurs fleuris, les femmes des notables surveillent les évolutions de leurs époux : médiocres petites Bovary, elles rêvent d'une passion secrète. Je sais que je pourrais très vite devenir leur rivale. La ruse de leurs petits maris est si primitive lorsqu'ils proposent de me raccompagner. J'ai vingt ans, je suis seule.

Entre les silences vides à la ferme, les pesanteurs des dimanches costumés, les semaines studieuses à la fac, je me cherche.

Aucun miroir ne me ressemble. J'ai une seule peur : qu'un de mes camarades de faculté découvre ma vie secrète très officielle. J'imagine ma honte si l'un d'eux reconnaît, en première page du *Bessin libre* ou de *La Voix du bocage*, l'étudiante sage déguisée en poupée normande.

Seul, dans l'aventure, mon père est satisfait. Il découpe dans les feuilles de chou la moindre ligne qui me concerne. Un joli dossier qu'il conservera jusqu'à sa mort, comme la trace la plus honorable de sa paternité.

Pendant son monologue, Marie a revêtu une tenue folklorique normande.

Louise. C'est le trésor de ton père.

Marie. Le papier journal, ça jaunit.

Louise. Il l'aurait bientôt emporté dans son cercueil.

Marie. C'est un moment de ma vie que j'ai détesté.

Louise. Ton père, ça lui a tourné la tête. Il se prenait pour une altesse de Normandie. Ce pauvre Raymond, il a encore plus fait le serf que d'habitude. Vous étiez toujours partis en cérémonies.

Marie. C'était un rêve pour papa, tout ça !

Louise. Des bulles de savon qui nous ont coûté cher en essence. Ses voyages, on ne les lui a jamais remboursés.

Marie. C'était une association fauchée.

Louise. Pourquoi alors péter plus haut que son derrière ? « Nommer des duchesses, faire des réceptions », tout ça, c'était du chiqué. J'ai soif.

Marie. Ils vont apporter la collation.

Louise. À ne rien faire, on devient gourmande comme un canard.

Marie. Profite, c'est ton tour. Toute la vie, tu as voulu nous gaver comme des petits veaux. Tu nous possédais comme ça.

Louise. Plains-toi.

Marie. Je plaisante.

Louise. Avec toi, on ne voit pas toujours la différence.

Marie. La pluie...

Louise. Avant, la nature, en été, c'était comme une chambre bien chauffée et qui sentait bon.

MARIE. Un temps de Toussaint.

LOUISE. Vivement l'hiver, le vrai. Les jours sont courts. Dans la nuit, on a moins honte de ne rien faire. *(Elle regarde ses mains.)* Elles sont devenues inutiles.

MARIE. Bien vivantes, on voit le sang qui coule dessous la peau.

LOUISE. Un vieux parchemin. *(Elle sort une lettre cachetée.)* Regarde ce cachet de cire ! Du notaire... J'ai fait mes lots. L'armoire normande, elle sera pour toi. Raymond serait capable de la revendre. La bru, elle n'aime que le Formica. C'est un meuble de famille, ça doit y rester.

MARIE. Merci.

LOUISE. Après, ça ira à ta fille et tu auras aussi ta part de la ferme.

MARIE. ...

LOUISE. Je ne t'ai pas déshéritée... Quand je ne serai plus là, Raymond te paiera un loyer pour la moitié de ma terre.

MARIE. Cela me gêne d'en parler.

LOUISE. Ce n'est pas une honte de parler de son bien. Je n'ai pas reçu le terme du Raffray pour l'herbage de Sourdeval. Il croyait que la vieille claquerait. Bon pied, bon œil, mon garçon. J'ai rien pour lui écrire à ce fi de garce.

MARIE. Je vais aller t'acheter du papier et des enveloppes.

LOUISE. Maître Danjou non plus, il ne m'a pas payé mes intérêts. Je fais trop de fautes pour écrire à un notaire.

MARIE. Je te ferai un modèle.

LOUISE. C'est vrai que tu es maîtresse.

MARIE. Professeur de français.

LOUISE. Tu tiens de ton père, toutes les écritures, c'était lui. Il faisait de beaux pleins, de beaux déliés. Jamais de pâté. Va m'acheter deux enveloppes. Il y a un Mammouth pas loin. Il paraît que c'est moins cher. C'est bientôt la rentrée des écoles ?

MARIE. Je ne veux pas y penser.

LOUISE. C'est qu'on ne peut pas s'amuser tout le temps.

CINQ

MARIE. Au mois de septembre commençaient les inscriptions en faculté. Finis la coiffe, le sourire Kodak, le gigot-péteux. J'avais vingt et un ans, j'étais une adulte.

Sous la chaleur, le grand hall vitré était un aquarium étouffant. Les étudiants s'impatientaient. Patient, Mirek attendait. Je le remarquai. Midi sonnait, nous étions en bout de file. Avec un sourire timide et un fort accent, il m'offrit un ticket de restaurant universitaire. Notre premier tête-à-tête. Rien de vraiment intime.

Les étudiants se retrouvaient après l'été. Mirek était détaché de l'université de Prague pour un an. Là-bas il préparait un diplôme d'ingénieur agronome. Avec lui, tout de suite, je n'eus pas honte de mes origines. C'était sa tenue sans doute, très modeste, qui me rassurait, ses savates caoutchoutées et son pull vert trop large. Il était authentique, beaucoup plus que ces fils de la bourgeoisie qui se déguisaient en Che Guevara d'opérette à l'époque. Il me décrivit sa ville. Il était franc, mesuré dans ses propos. Son regard bleu-gris s'embuait de nostalgie quand il parlait de sa sœur et de sa mère. En douceur, il m'avait séduite. Un dimanche, je l'emmenai chez moi. Seul, mon père savait où se situait la Tchécoslovaquie et quelle en était la capitale. Mais dans l'habileté de Mirek à traire les

vaches, ma mère reconnut que j'avais tiré le bon numéro.
En vrai paysan, il ne rechignait devant aucune tâche. Il se
levait à 5 heures, revenait des champs à la nuit. Je me
retrouvais solitaire avec un livre dans ma chambre. Dans
la querelle toujours relancée de savoir si la chatte avait le
droit ou non de monter sur la table, il prit le parti de ma
mère. Et cette saleté de Miquette eut désormais le droit de
poser son derrière à côté de nos assiettes.

Au printemps 1968, la famille devint attentive lorsque
le présentateur des nouvelles parla du vent de liberté qui
soufflait sur Prague. Mirek regrettait de ne pas être là-bas,
il dévorait *Le Monde*. L'espoir et la joie de son peuple le
rendaient encore plus amoureux. J'étais heureuse. Je lui
promis que, les prochaines fois où nous irions à la ferme,
nous dormirions dans le même lit. J'avais peur de l'amour
physique.

LOUISE. T'es déjà revenue ?

MARIE. Il est bientôt 6 heures.

LOUISE. J'ai encore dormi tout l'après-midi. Avec toutes
leurs drogues.

MARIE. Tu as la mine lisse, reposée.

LOUISE. J'ai froid aux pieds.

MARIE. Tu gigotes de trop : le couvre-pied est tombé.

LOUISE. Avec ma chatte, à la maison, j'ai jamais froid.
C'est la meilleure des bouillottes, ma Miquette. Ici, on
interdit les bêtes. Par hygiène. Bien plus propre que toutes ces Martiniquaises : des coquettes sales.

MARIE. Elles font tout pour être gentilles avec toi.

LOUISE. Dans la chambre 32, celle des jeunes gars,
c'est autrement plus soigné. Je dois sonner dix coups pour
un verre d'eau. Eux, un verre de calva, ils l'auraient tout
de suite. Elles jacassent avec.

MARIE. « Sacrées femelles... »

LOUISE. Je dis le vrai. Ma pauvre Miquette, j'espère qu'elle la nourrit bien, ma bru.

MARIE. Elle peut attraper des mulots.

LOUISE. Je m'ennuie de chez moi. Je vais mieux, ils ne vont pas me garder longtemps ?

MARIE. Sois raisonnable, c'était une attaque très grave.

LOUISE. Je me sens mieux. C'est moi qui me sens. Ici, je suis comme une prisonnière. Les fenêtres qui n'ouvrent pas. D'ici, les gens en bas, ils sont comme des fourmis. Je distingue même pas les voitures.

MARIE. Ton curé m'a dit que tu étais devenue une experte automobile.

LOUISE. Au foyer des anciens, ils m'appellent : « Tata cylindrée ». Ils exagèrent. Je fais la différence entre les Citroën, les Peugeot et les Simca, les Renault. Je reconnais les modèles. Mais dans les marques étrangères, je m'y perds. Ton père, il n'a pas voulu que j'apprenne à conduire.

MARIE. Il ne t'interdisait rien.

LOUISE. Si, tout ça. Mon rêve, c'est d'avoir le baptême de l'air !

MARIE. Je déteste l'avion.

LOUISE. Tu te querellais toujours avec ton Mirek à cause de ça.

MARIE. Il fait du planeur maintenant à Mérignac.

LOUISE. Il va bien ?

MARIE. On est séparés, tu le sais.

LOUISE. C'était un bon vendeur, quand il venait avec

nous vendre mes œufs au marché, on faisait des affaires.
Il plaisait beaucoup aux femmes.

MARIE. À toi aussi.

LOUISE. T'es bête. C'était pas un coureur. Il était aimable et pas délicat. Il curait la souette à cochons comme un domestique.

MARIE. Dans son pays, c'était obligatoire, les étudiants aident les paysans.

LOUISE. Lui, il aimait ça. Pas besoin de vétérinaire quand les vaches vêlaient. On pouvait lui faire confiance.

MARIE. Un gendre idéal ! Je t'en ai privée, excuse-moi.

LOUISE. C'est lui qui élève ta fille.

MARIE. Oui.

LOUISE. C'est une petite femme maintenant ?

MARIE. Quinze ans, le 28 août.

LOUISE. Jamais, tu nous as envoyé de photos.

MARIE. Voilà.

LOUISE. Elle ne te ressemble pas. Elle est souriante.

MARIE. Oui. Elle a choisi de vivre avec son père. Elle dit que je la gronde tout le temps.

LOUISE. La fille et son père ; le gars et sa mère. C'est une préférence qui vient de la nature. Regarde chez nous.

MARIE. C'est moi qui viens tous les jours ! Ce n'est pas Raymond !

LOUISE. Lui, il a de l'ouvrage. Toi, tu es en vacances. Douze ans sans visites, il est temps que tu te rattrapes.

MARIE. Je rentre à Arromanches. Toute ma vie, j'aurai tort.

LOUISE. Reste, Marie !

MARIE. C'est une défaite quand une mère et sa fille ne se parlent plus.

LOUISE. Je veux me reposer. Éteins la lumière.

MARIE. Éteins la lumière. Dehors, la nuit est calme. La ferme est endormie. Je suis tendue. Il me pénètre. Il prend son plaisir et puis s'endort. Je rallume la lumière. Toute la nuit, je le regarde dormir. Je caresse la fourrure de sa poitrine... Le jour entre dans la chambre. Il se lève. Il va aider à traire. Sa place vide reste chaude. La chatte miaule à la porte. Elle entre et vient se blottir dans la place chaude. C'était la première fois...

Mirek, j'ai envie de t'écrire, de dire combien je regrette. Pourquoi ai-je voulu cette séparation ? Je ne t'offrais plus rien, rien, pas même un sourire, pas même un regard. Assez de dissections mentales. Maman, je te regarde, étendue sous le drap blanc. Tu es enfin calme. Moi en face de toi, je voudrais l'être aussi. Faut-il conserver le passé comme un poids d'angoisse ?

SIX

MARIE. Où sont tes chaussures ?

LOUISE. Dans la valise avec les écussons.

MARIE. Moscou, Prague, Budapest, Lourdes.

LOUISE. Moi, je n'ai été qu'à Lourdes, les autres c'est Mirek qui me les avait donnés. J'aurais aimé voyager. Je ne suis plus très valide. *(Marie lui enfile de grandes chaussettes.)* J'ai les jambes qui ont gonflé.

MARIE. On marchera lentement.

LOUISE. Asteur, c'est ma destinée d'être couchée. Avec ton père, on en a fait de la route. Pas que de l'agrément. Des balades où on se rendait utiles. Un sacré compagnon, le travail. Nos quatre bras, ils en valaient une douzaine. Le dimanche matin, en revenant de la messe, on cueillait les noisettes. Sur le bord de la route, ceux qui passaient en auto nous klaxonnaient.

Souvent on allait ensemble ramasser l'herbe pour les lapins. On faisait des kilomètres. Mon Albert, il était solide et gentil alors. Le sac de vingt kilos, il ne rechignait pas pour l'avoir sur le dos durant tout le chemin. On rigolait, il me racontait des blagues de bistrot, des blagues d'homme, il les inventait à croire. À la nuit tombée, il me

montrait les étoiles dans le ciel, il en connaissait tous les
noms. Au retour, dans le grand baquet, je le frottais avec
le savon de Marseille. Après, c'était mon tour. Un homme
qui lave sa moitié, ce n'est pas courant. Ça, on aimait être
propres pour la bagatelle. Avec les gosses, tout se détraque
dans un bonheur. On ne s'est plus promenés tous les deux.
Toi avec le père, moi avec le fils. Tout s'est séparé.

MARIE. Donne ton pied, bébé.

LOUISE. Tu cires tes souliers maintenant. De vrais
miroirs.

MARIE. Et tu as remarqué que je porte des jupes.

LOUISE. Je devrais pas te le dire. Mais pour aller à
Lourdes, je m'étais acheté une culotte.

MARIE. Toi en pantalon.

LOUISE. Ça froisse moins dans le car. La couleur des
aubergines. Crois-moi que les yeux de grenouilles de
bénitier, ils se sont tournés vers moi quand je suis montée
m'asseoir. Depuis que j'ai osé, Mlle Pépin, elle s'en est
acheté une culotte !

MARIE. Il ne te manque rien ?

LOUISE. Cela va être l'heure de mes soins.

MARIE. Pas aujourd'hui, on est dimanche.

LOUISE. Où j'ai la tête ? Mlle Pépin, c'est une origi-
nale...

MARIE. Pourquoi ?

LOUISE. Après sa mort elle veut être incinérée.

MARIE. Pourquoi pas ?

LOUISE. C'est pratique pour la famille. On n'a plus à
retourner sur la tombe après.

MARIE. Les cendres sont recueillies dans des petites
boîtes.

LOUISE. Avec un numéro. Moi je préfère pourrir. Nourrir la terre.

MARIE. En Inde, autrefois on brûlait les veuves. Plus de femmes délaissées.

LOUISE. Prends. Prends mon paletot.

MARIE. Où va-t-on ?

LOUISE. Emmène-moi à la chapelle.

MARIE. Quel étage.

LOUISE. Au premier. Chambre 33. C'est trois chambres réunies ensemble. Une pour le Fils, une pour le Père et une pour le Saint-Esprit.

MARIE. Amen.

LOUISE. Toujours la même.

MARIE. « Athée, oui, grâce à Dieu. »

LOUISE. Quand la vieillesse approchera, tu chanteras un autre refrain. J'ai la tête qui tourne.

MARIE. Tu ne te lèves pas assez. Viens !

LOUISE. Ma canne.

MARIE. Donne-moi le bras, plutôt.

LOUISE. Il faut prendre le couloir à droite.

MARIE. Dans le journal, j'ai lu qu'une femme est morte en Italie, en avalant une hostie empoisonnée. Son amant, c'était le curé.

LOUISE. Tu dis des bêtises. Avance. Un pas après l'autre.

MARIE. Je te promets qu'on ira lentement.

LOUISE. Je te connais, tu as toujours le diable aux fesses.

SEPT

MARIE. Le ciel est clair sur Arromanches. Le soleil est revenu avec la fin de l'été. Les persiennes des villas se referment sur les grandes pièces vides. Les meubles sont recouverts de housses blanches. Les compteurs d'eau et d'électricité sont coupés. À l'hôtel du Beau Rivage, seule la moitié des chambres est encore occupée. J'en ai obtenu une qui donne sur la plage. M'arracher à la vision des vagues pour me rendre à l'hôpital est pénible. L'état de ma mère s'améliore, elle se promène dans les couloirs. Elle passe les derniers examens. Si les résultats sont bons, il faudra qu'elle quitte l'hôpital.

LOUISE *(rentre).* J'ai une santé de cheval. Le docteur dit que je suis un «cas désespéré qui ressuscite». Ça lui a fait plaisir, il m'a offert une orangeade de son frigo personnel.

MARIE. Je suis contente. Je t'embrasse.

LOUISE. J'ai faim, je suis à jeun du matin.

MARIE. J'ai demandé un extra. Du chocolat et des croissants.

LOUISE. C'est gentil.

Ils attendent le résultat des dernières analyses et ils me donnent le bon de sortie.

MARIE. Une semaine au moins.

LOUISE. Mardi, peut-être. À moi la liberté. Tu ne la connais pas, ma petite maison ? En plein bourg, à côté de la caserne des pompiers. En rentrant, je vais en avoir du jardinage. Ça pousse, le chiendent. C'est tenace.

MARIE. Comme la vie.

LOUISE. Tout le monde l'a cru foutue, la vieille Quentin ! Coucou, la revoilà. Les anciens du village, il faudra encore me supporter aux dominos.

Elle fait une grimace.

MARIE. Tu vas te fatiguer à faire le clown. Bois ton chocolat.

LOUISE. Du Nesquick !

MARIE. Il est tiède ?

LOUISE. Non, ça va ! Tu te souviens à la ferme, les gros carrés de chocolat à cuire Menier que je faisais fondre dans le lait chaud !

MARIE. Je buvais deux bols le dimanche et un le lundi avant de partir pour l'internat. C'était lourd, je ne le supporterais plus.

LOUISE. Petit oiseau des villes. Il va falloir téléphoner à Raymond pour mon retour. Qu'est-ce qu'il y a ?

MARIE. Rien.

LOUISE. Je ne vais pas dépenser l'ambulance, alors que j'ai un gars qui peut faire tout comme.

MARIE. Je suis allée chez Raymond. Ça a drôlement changé, la ferme.

LOUISE. C'est du moderne avec madame. T'as mis des patins pour pas salir le parquet vitrifié ?

MARIE. Il ressemble à Papa.

LOUISE. De plus en plus.

MARIE. Avant, il ne lui ressemblait pas tant. Beaucoup de gens survivent par leurs enfants. Ils leur ressemblent davantage après qu'ils ont disparu. La voix, le poids. Ça m'a troublée. On a beaucoup parlé. Tous les deux. Il lui en veut encore. Il a gardé la règle en fer sur laquelle Papa le faisait mettre à genoux.

LOUISE. La rancune, c'est son défaut !

MARIE. Je dois te dire une chose. Il ne faut pas la prendre mal.

LOUISE. T'as l'œil bien secret ! Au sujet de ma bru ?

MARIE. Non de toi. Tu ne peux plus habiter seule, Maman.

LOUISE. D'où tiens-tu cela ?

MARIE. Tes voisins se sont plaints à la gendarmerie. Deux soirs tu es sortie sans fermer le gaz.

LOUISE. Ce n'est pas vrai !

MARIE. Maman, cela peut être dangereux.

LOUISE. Dis tout de suite que je la perds !

MARIE. À ton âge, tout le monde a des absences, Maman. Ce ne serait pas raisonnable. Je suis d'accord avec Raymond.

LOUISE. D'accord de quoi ? De me placer chez lui ? Jamais, je ne m'entendrai pas avec sa femelle...

MARIE. Chez moi ce n'est pas possible, l'appartement est trop juste.

LOUISE. Je veux rentrer chez moi.

MARIE. Il n'y a plus de chez toi.

LOUISE. Quoi ?

MARIE. Ta maison a été vendue...

LOUISE. Vous m'aviez déjà enterrée !

MARIE. Qu'est-ce que tu vas imaginer, Maman ?
Ta pension est mince. On ne voulait pas que tu paies
un logement inoccupé.

LOUISE. Alors, je suis à la rue ?

MARIE. Maman...

LOUISE. Et mes meubles, vous les avez vendus ?

MARIE. Raymond les a mis à l'abri sous son hangar.

LOUISE. Toutes mes affaires, tout va être bouffé par les
mulots.

MARIE. On a pensé à une solution...

LOUISE. L'hospice !

MARIE. Pour le moment ! La maison de retraite est au
complet.

LOUISE. Dis plutôt que ça vous coûterait ! Jamais je
n'aurais dû leur céder ma ferme. Quelle ingratitude, les
gosses.

MARIE. Je me suis privée de vacances pour toi. Alors
arrête. Tu vas avoir une grande chambre à l'Institution
Saint-Joseph. Une pour toi toute seule ! Comme à la maison !

LOUISE. Ils me foutent à l'hospice, comme une clo-
charde.

MARIE. Raymond a obtenu de la sœur supérieure qu'on
puisse installer ton armoire normande dans ta chambre.
Je te prendrai aux vacances. Tu pourras aussi faire des
voyages organisés. Il a calculé. Tu économiseras sur ta
pension.

LOUISE. Vous êtes des faux-jetons, vous m'avez rien
dit. Vous avez tout comploté. Fous le camp, je ne veux
plus te voir. Foutez-moi le camp. Vous êtes pires que des
chiens.

HUIT

MARIE. Temesta après Temesta. Je campe dans l'insomnie. Meurtrie comme après coups. Toute la nuit, la paire de sandales Scholl de l'infirmière de ronde a claqué sur le Gerflex. Toute la nuit, des chirurgiens ont opéré. Ont-ils sauvé des vies ? L'aide soignante m'a remis une lettre. On l'a trouvée dans sa poche. Chiffonnée.

LOUISE. « Mes volontés. Je voudrais m'en aller avec le beau pyjama que j'avais offert à mon époux Albert. Il est dans la valise, celle avec les écussons de mon gendre. Tant pis, s'il est trop grand pour moi. C'est ça que je veux, et aussi qu'on m'emballe dans un drap vert. Vert comme l'herbe au printemps. C'est tout ce que j'ai envisagé. Pas beaucoup à prévoir pour régaler les asticots. Surtout, ne m'incinérez pas ! »

MARIE. Sur un chariot, recouverte d'un drap blanc, on l'a conduite à la morgue. Ma mère dort, définitivement. Je lui envie son sommeil.

LOUISE. Où je suis ?

MARIE. En repos.

LOUISE. Dans ma ferme ?

MARIE. Non.

LOUISE. Ma chambre est devenue le salon de ma bru ? La télévision couleur occupe la place de mon lit ? Même aujourd'hui, le programme est allumé.

MARIE. Dans les maisons, on ne trouve plus ce vide qu'il y avait autrefois quand la mère, ou même un lointain cousin s'était éloigné du monde. Il n'y a pas ce vide. Des images et du bruit à la place.

LOUISE. Je ne manque à personne ?

MARIE. Tu me manques.

LOUISE (*cris de mouettes*). J'ai aperçu une mouette au ciel.

MARIE. Les mouettes de la plage, elles ont faim.

LOUISE. Elles crient pour le pain. Où je suis ?

MARIE. Dix-neuvième étage. Chambre 54.

LOUISE. À Tancarville, c'était dans une chambre aussi. Dans un hôtel face à la Seine. Tancarville, c'était au mois d'août. On venait de finir les regains. Un matin, le cousin Lucien et Thérèse sont arrivés à la ferme. Albert leur avait demandé de venir pour la journée, soigner les bêtes et vous garder les gosses. Il ne m'avait rien dit. Une surprise. Malgré vos pleurs, on est partis. On a roulé dans une grosse traction noire qu'il avait louée en secret.

Bayeux, Arromanches, un bon repas à Honfleur, des moules et du muscadet. L'après-midi, on est arrivés à Tancarville. Comme il était long, ce pont, le pont le plus long d'Europe. Albert a voulu qu'on le traverse à pied. On a garé l'auto. Et on a marché. On a marché longtemps, il était vraiment long. Je ne croyais pas en voir le bout. La Seine au-dessous de nous, le grand ciel au-dessus de la tête, j'ai été prise de vertige. Mon Albert, il m'a soutenue dans ses bras. On s'est assis. Avec son couteau, il a pelé une pomme. Il l'a coupée en deux. On en a mangé une moitié chacun. J'ai été heureuse sur le pont de Tancarville. On était tous

les deux. Là-bas, on a oublié un moment qu'on était deve-
nus quatre dans la famille. On sentait la mer au loin. On se
sentait libres. Le vent s'est levé brusquement. On a pris
une chambre à l'hôtel. De la fenêtre, on voyait les bateaux
passer sous le grand pont. Les draps étaient brodés. On
était bien. Le ciel est devenu noir. On est rentrés chez nous
très tard dans la nuit. Thérèse était en larmes. Tu étais à
l'hôpital. Tu t'étais cassé un bras. Exprès.

MARIE. J'étais tombée d'un arbre.

LOUISE. Exprès pour me punir. Tu as toujours été très
envieuse du bonheur des autres.

MARIE. Maman, tais-toi. Assez de reproches ! Assez !

LOUISE. À Tancarville, c'est moi qu'il avait promenée,
ton père. Moi, toute seule ! Je l'ai payé ton bras cassé.
Depuis, c'est toujours toi qu'il a promenée. *(Marie s'approche de Louise avec un coupe-ongles.)* Ne me coupe
pas les ongles. C'est inutile. Ça repousse quand même.

MARIE. J'aurais dû cerner ta bouche de rouge.

LOUISE. Laisse-moi.

MARIE. Le jour de Tancarville, tu t'étais mis du rouge
à lèvres. Ça se voit encore sur les photos qu'avait faites
Papa. Excuse-moi. Je n'ai pas fait teindre mes vêtements
en noir.

LOUISE. Tant mieux.

MARIE. Mirek et l'enfant ont été prévenus.

LOUISE. Pour les visites, c'est un peu tard.

MARIE. Ils vont venir. Après la messe, ils mangeront
la brioche et la confiture au petit bistrot accolé à l'église.
Laisseront-ils quelques miettes sur la table de marbre ?

LOUISE. Allons-y maintenant. Il y aura des larmes de
crocodile pendant la messe. Et après, des tasses de café,
des verres de cidre. Les voilà, mes obsèques !

NEUF

MARIE. Maman, cet automne, le ciel est trop bleu. Trop dur, net comme un échec. L'enfant et le mari vivent à Bordeaux. La rentrée des classes est faite. Je m'endors avec ton lit d'hôpital dans la tête. Rien n'avance. Où est cette curiosité qui m'a toujours retenue à la surface? Autrefois, j'arrivais à trouver du neuf dans l'ancien. Maman, je voudrais te revoir. La mort ne réunit pas. C'est trop tard.

Arromanches a été créée le 2 juin 1986 au Nouveau Théâtre d'Angers, Centre dramatique national des Pays de la Loire en coproduction avec le Théâtre ouvert, Centre dramatique national de création.

Mise en scène de Claude Yersin avec Françoise Bette et Andrée Tainsy.

Entre 1986 et 1988, ce spectacle a été joué cent quarante fois sur les scènes nationales et CDN français.

Arromanches a reçu le Prix 1987 de la meilleure création d'une pièce française, décerné par le Syndicat professionnel de la critique dramatique.

Dans une coproduction de la compagnie de La Petite Roque et des Producteurs associés de Basse-Normandie, la pièce *Arromanches* a été reprise en 2008-2009 dans les théâtres publics de Vire, Caen, Lisieux, Cherbourg, Granville...

Mise en scène Christophe Lemaître, avec Jenny Bellay et Danielle Klein.

Une première version d'*Arromanches* a été éditée en 1984 chez Théâtrales.

Cet ouvrage a été imprimé en France par

à Saint-Amand-Montrond (Cher)
pour le compte des Éditions Julliard
en octobre 2009

La photocomposition de cet ouvrage
a été réalisée par
GRAPHIC HAINAUT
59163 Condé-sur-l'Escaut

N° d'édition : 50043/01. — N° d'impression : 092859/1.
Dépôt légal : novembre 2009.